Inhaltsverzeichnis

Süßes

Vorwort

Damit ihr wisst, wer hinter Vegranny steckt, möchte ich mich hier vorstellen. Mein Name ist Herta Fleck und ich bin 72 Jahre alt. Ich habe einen Ehemann, eine Tochter und einen Sohn. Unser Hund und unsere Katze gehören natürlich auch zur Familie. Gleich nebenan wohnt die Familie meiner Tochter. Sie besteht aus ihr, ihrem Ehemann und ihren drei Töchtern, meinen Enkelkindern, und dem festen Freund meiner ältesten Enkelin.

Als mein Schwiegersohn vor etwa 25 Jahren in unsere Familie kam, bin ich zum ersten Mal mit der fleischlosen Ernährung in Berührung gekommen, denn er war Vegetarier. Damals habe ich mir bereits Gedanken gemacht, wie ich Fleisch am besten ersetzen kann. In einem Bio-Markt bin ich dann zum ersten Mal auf Soja-Produkte gestoßen, die ich mit meinen Gewürzen einfach genau wie Fleischprodukte zubereitet habe. Das hat meiner Familie sehr gut geschmeckt und wurde zu einem Lieblingsgericht. Durch die Ernährungsweise ihres Mannes, ist meine Tochter auch Vegetarierin geworden und so auch meine drei Enkelkinder.

Vor drei Jahren entschied sich meine älteste Enkelin dazu, sich vegan zu ernähren. Inzwischen hat sich diese Lebensweise auf die halbe Familie ausgebreitet und sogar der Lebenspartner meiner ältesten Enkelin lebt mittlerweile vegetarisch. Da wir viel zusammen sind und gerne gemeinsam essen, habe ich mir Gedanken gemacht, wie ich am besten alle zufrieden und satt bekomme. Ich wollte weiterhin eine gute Hausmannskost kochen. Anfangs konnte ich mir nicht vorstellen, wie ich zum Beispiel einen Kuchen ohne Milch und Eier backen soll. Glücklicherweise zeigte mir meine Tochter verschiedene Ersatzprodukte. Mit diesen Produkten ist es mir gelungen, meine Rezepte zu veganisieren. Da ich so viel vegan koche, essen ich, mein Ehemann und mein Sohn auch schon viel weniger Fleisch.

Im Oktober 2020 kamen die Zwillinge Luigina und Valentina zu mir und sagten: „Oma, uns schmeckt es immer so gut bei dir und unsere Freunde sind auch begeistert, dass muss man mit der Welt teilen. Würdest du zusammen mit uns Rezepte auf Instagram veröffentlichen?". Ich habe gesagt: „Probieren wir es". Als Erstes mussten mir die Zwillinge erklären was dieses Instagram überhaupt ist. Das war eine völlig neue Welt für mich. Doch das erste Foto war schnell aufgenommen und dann waren wir schon mittendrin im Projekt Vegranny. Da ich immer frei gekocht und meine Rezepte nicht aufgeschrieben habe, musste ich nun anfangen alles mitzuschreiben. Deshalb habe ich jetzt immer einen Stift und einen Block beim Kochen parat liegen, um alles festzuhalten. Und soll ich euch was sagen? Es macht mir richtig Spaß! Ich koche und Luigina und Valentina übernehmen die restliche Arbeit. Meinen beiden Enkelinnen ist es wichtig, den Menschen zu zeigen, dass vegane Ernährung vielseitig sein kann und nicht immer exotisch oder basierend auf Salat sein muss. Mit der Zeit wurden es immer mehr Abonnenten*innen auf Instagram. Wir waren ganz erstaunt, dass so viele Leute Interesse daran hatten, und ich habe mich darüber sehr gefreut. Als dann ein Fernsehsender einen Beitrag über uns machen wollte, war ich ganz baff.

Mein Geheimnis ist, dass ich genau die gleichen Gewürze nehme, wie für meine Gerichte mit Fleisch. So schmeckt es nach richtiger Hausmannskost! Ein kleiner Tipp von mir ist, immer Gemüsebrühe und eine gute Kräutermischung zu Hause zu haben.

Ich wünsche euch mit dem Kochbuch viel Spaß und gutes Gelingen!

Es grüßt euch eure Vegranny

Nudelgerichte

Paprikasoße

Tipp
Wenn ihr die Soße lieber feiner wollt, püriert sie entsprechend länger.

Zutaten für 6 Personen:

- 2 Frühlingszwiebeln
- 1 kleine Zwiebel
- 1 frischen Knoblauch
- 5 Paprikaschoten
- 4-5 EL Tomatenmark
- 1 TL Basilikum Pesto
- 1 Packung vegane Sahne
- 1-2 EL veganen Reibekäse
- etwas Kräutersalz

Zubereitung:

1. Die Frühlingszwiebeln und die Zwiebel klein schneiden und in einer großen Pfanne circa 10 Minuten anbraten.
2. Die Paprikas würfeln und in die Pfanne geben.
3. Den Knoblauch fein schneiden und untermischen. Das Ganze nun abdecken und bei niedrigerer Temperatur weich werden lassen.
4. Anschließend den gesamten Inhalt in eine Schüssel geben und pürieren. Danach die pürierte Masse wieder in die Pfanne zurückgeben und das Tomatenmark und Pesto an die Soße geben.
5. Zum Schluss noch die vegane Sahne, den veganen Reibekäse und das Kräutersalz hinzugeben und alles vermengen.

Vegane Bolognese

Tipp
Wenn die Soße nicht flüssig genug ist, einfach noch passierte Tomaten hinzugeben.

Zutaten für 4-6 Personen:

- 125g Soja-Granulat
- 1 Dose Tomatenmark
- Gewürze (nach Belieben: zum Beispiel Salz, Pfeffer, Chili, Gourmet Mischung)
- Gemüsebrühe
- 300ml Wasser

Zubereitung:

1. Das Wasser mit der Gemüsebrühe zum Kochen bringen.
2. Anschließend das Soja-Granulat in der Gemüsebrühe ziehen lassen.
3. Danach das Tomatenmark hinzugeben und aufkochen lassen.
4. Zum Schluss mit Gewürzen würzen.

Geschnetzeltes mit Gemüse

Tipp
Wenn die Soße zu dünn ist kann sie mit Kartoffelmehl angedickt werden.
Dazu das Kartoffelmehl vorher in Wasser anrühren.

Empfehlung: gefrorene Erbsen nehmen.

Zutaten für 6 Personen:

- 2 L Wasser
- 2 EL Gemüsebrühe
- 150g Soja-Geschnetzeltes
- 250g Möhren
- 200g Erbsen
- 1 EL Gourmet Kräuter
- etwas Öl
- 1 1/2 TL Kotelett- und Schnitzelgewürz
- 1 TL Paprika edelsüß
- 200ml vegane Sahne zum Kochen
- 1 Prise Salz
- 1 Prise Pfeffer

Zubereitung:

1. Die Möhren in Scheiben schneiden und in Salzwasser kochen.
2. Die 2 L Wasser mit der Gemüsebrühe erhitzen und das Geschnetzelte darin circa 15 Minuten kochen.
3. Anschließend das Geschnetzelte absieben, ausdrücken und mit Öl anbraten.
4. Dann das Geschnetzelte mit dem Kotelett- und Schnitzelgewürz würzen.
5. Nun das Ganze mit etwas Gemüsebrühe ablöschen und Salz, Pfeffer, Kräuter und Paprika edelsüß dazugeben.
6. Danach die vegane Sahne, gekochten Möhren und die Erbsen hinzugeben.
7. Alles etwas köcheln lassen und zum Schluss abschmecken.

Schinkennudeln

Zutaten für 4-6 Personen:

- 500g Hartweizennudeln
- 1 Zwiebel
- 6-8 Scheiben veganen Schinken
- 3 Scheiben veganen Kochschinken
- Kräutersalz (+ Gewürze nach Belieben)
- Sojasoße

Zubereitung:

1. Die Nudeln bissfest kochen.
2. In einer Pfanne die Zwiebel, den veganen Schinken und den veganen Kochschinken knusprig anbraten.
3. Anschließend die Nudeln mit dem Zwiebel-Schinken-Gemisch vermengen und würzen.
4. Zum Schluss mit einer Sojasoße abschmecken.

Rezept für den Schmandsalat:

Zutaten:

- 2 Becher veganen Schmand
- Kräutersalz
- 1 EL Zucker
- 5-6 EL Mandelmilch
- 250g Feldsalat

Zubereitung:

1. Alles bis auf das Kräutersalz in eine Schüssel geben und gut verrühren.
2. Nun mit dem Kräutersalz nach Belieben würzen.

Nudelauflauf

Tipp

Wie ihr auf diesem Foto sehen könnt, haben wir uns für wenig Streukäse entschieden. Je nachdem ob ihr Käse mögt oder nicht, könnt ihr die Menge des Käses anpassen.

Zutaten für 6 Personen:

- 500g Nudeln
- 1 Paprika
- 1 Zucchini
- 1 Brokkoli
- 2 Knoblauchzehen
- 3 Karotten
- 1 Flasche Tomatensauce
- veganen Streukäse
- Salz und Pfeffer

Zubereitung:

1. Das Gemüse waschen und klein schneiden.
2. Die Nudeln kochen und das Gemüse in einer Pfanne anbraten.
3. Nun das Gemüse und die Nudeln in eine Auflaufform geben, die Tomatensauce hinzugeben und verrühren.
4. Das Ganze mit Salz und Pfeffer würzen und danach den veganen Käse drüber streuen.
5. Nun kommt das Ganze bei 180 Grad Umluft für circa 20 Minuten in den Ofen.

Lasagne

Tipp
Achtet darauf, dass die Nudelplatten immer schön in der Soße liegen, damit sie weich werden.

Das Rezept der Bolognese könnt ihr auf Seite 10 nachschlagen.

Zutaten für 4 Personen:

- 125g Bolognese
- 200ml Tomaten püriert
- ca. 1/2 Packung Lasagnenudelplatten (Hartweizen)
- Gemüse nach Belieben (zum Beispiel Zucchini, Mais, Paprika, Tomate)
- veganen Streuäse
- Salz, Pfeffer, Basilikum, Knoblauch (Mengen nach Belieben)

Zubereitung:

Die Zutaten in eine Form mit den Maßen 20x30cm schichten und folgende Reihenfolge beachten:

1. Tomaten püriert
2. Nudelplatten
3. Bolognese
4. Nudelplatten
5. Gemüse
6. Tomaten püriert, diese würzen
7. Nudelplatten
8. Tomatensoße, diese würzen
9. Veganen Käse drüber streuen
10. Nun kann es für circa 30-40 Minuten bei 180 Grad Umluft in den Ofen.

Maultaschen

Tipp
Wenn ihr zu viel von der Füllung übrig habt, könnt ihr es einfach als Beilage dazu essen.

Zutaten für 4 Personen:

- 3 Brötchen vom Vortag
- 150ml vegane Schlagsahne
- 2 Zwiebeln
- 5 kleine Tomaten
- 1 EL vegane Butter
- 1 Becher veganen Schmand
- 3 EL Semmelbrösel
- Ei-Ersatz für 4 Eier
- Petersilie, Salz, Pfeffer & Zucker (nach Belieben)
- Eine Handvoll frischen Spinat
- 150g Grieß
- 150g Mehl

Zubereitung:

1. Den Ei-Ersatz anrühren und zusätzlich mit 3 EL Wasser verquirlen.
2. Grieß, Mehl, Salz und den Ei-Ersatz in eine Schüssel geben und circa 1 Minute durchkneten und anschließend für 30 Minuten ruhen lassen.
3. Während der Teig ruht, 1 EL vegane Butter in eine Pfanne geben und die Zwiebeln darin dünsten.
4. Nach circa 10 Minuten die Petersilie zu den Zwiebeln hinzufügen.
5. Während der Teig ruht und die Zwiebeln schmoren, die Brötchen klein reißen und in eine Schüssel geben. Über die Brötchen gibt man nun die zuvor erhitzte vegane Sahne.
6. Für die Füllung braucht man nun: 3 EL Semmelbrösel, die Brötchen, Spinat, veganen Schmand, Tomaten und die Gewürze.
7. Zu den Zwiebeln in die Pfanne werden der vegane Schmand und die Tomaten hinzugefügt. Die restlichen Zutaten werden in der Brötchen-Schüssel vermengt.
8. Den fertigen Teig nun ausrollen und die Füllung in die Mitte geben. Nun den Teig bis zur Hälfte umklappen. Anschließend faltet man den Teig so zurück, dass man die Maultaschen schon leicht erkennen kann. Jetzt müssen kleine Lücken im Teig entstehen, indem die Füllung jeweils in eine Maultasche gedrückt wird. Zum Schluss schneidet man sie genau dort durch und dann sind die Maultaschen fertig.
9. Nun nur noch etwas Wasser mit Salz erhitzen und die Maultaschen in das kochende Wasser geben. Dann die Hitze reduzieren und die Maultaschen für circa 10 Minuten ziehen lassen.

Herzhaftes

Linsensuppe

Tipp
Wer die Suppe lieber dickflüssiger mag, stampft sie zum Schluss noch ein wenig.

Zutaten für 6 Personen:

- 5 mittelgroße Kartoffeln
- 2 Möhren
- 1 Stange Lauch
- 500g Linsen
- 1 kleinen Sellerie
- Gemüsebrühe
- 3-4 L Wasser
- Salz und Pfeffer

Zubereitung:

1. Die Kartoffeln waschen, schälen, in kleine Stücke schneiden und in einem Extratopf in Salzwasser kochen.
2. Dann Möhren, Sellerie und Lauch für 15 bis 20 Minuten in circa drei bis vier Liter Gemüsebrühe kochen.
3. Danach die Linsen hinzufügen und nochmal für 20 bis 30 Minuten kochen lassen.
4. Nun die Kartoffeln absieben und zu dem Gemüse hinzugeben.
5. Das Ganze nochmal 10 Minuten ziehen lassen und mit Salz und Pfeffer abschmecken.

Wraps

Tipp
Wir haben für die Wraps zwei verschiedene Soßen benutzt, die wir dazu empfehlen können.

Für die Füllung kann jedes beliebige Gemüse benutzt werden. Wir haben zum Beispiel Salat, Tomaten, Paprika, Gurken und Mais verwendet. Außerdem haben wir noch eine Bolognese hinzugefügt. Das Rezept dazu findet ihr auf Seite 10.

Zutaten für 4 Personen:

- 400g Mehl
- 1 TL Salz
- 1 TL Backpulver
- 70ml Öl
- 170ml warmes Wasser

Zubereitung:

1. Das Mehl mit dem Backpulver vermischen.
2. Salz hinzufügen und verrühren.
3. Nun Öl und Wasser hinzugeben und zu einem Teig kneten.
4. Den Teig für 15 Minuten ruhen lassen.
5. Danach den Teig in zehn Kugel aufteilen. Nacheinander eine Kugel ausrollen und in der heißen Pfanne anbraten.

Guacamole

Zutaten:
- 1 Avocado
- 1 kleine Tomate
- Salz und Pfeffer
- 1 Spritzer Zitronensaft

Zubereitung:
Das Weiche der Avocado klein stampfen und die restlichen Zutaten hinzugeben und vermischen.

Paprikadip

Zutaten:
- 2 Paprikaschoten
- 1 Becher veganen Schmand
- Salz und Pfeffer
- 1 TL Pesto

Zubereitung:
Alle Zutaten in den Mixer geben und zu einem Dip verarbeiten.

Spieße

Tipp
Die Soja-Würfel nicht zu weich werden lassen, damit man sie noch gut aufspießen kann.

Zutaten für 6 Personen:

- 2 L Wasser
- 2 EL Gemüsebrühe
- 170g Soja-Würfel
- 1 Packung kleine Kartoffeln
- 1 Zwiebel
- 1 rote und 1 gelbe Paprikaschote
- Kottelet- und Schnitzel-Gewürzmischung
- Pfeffer
- Öl
- Dill und Petersilie
- Holzspieße

Zubereitung:

1. Die Soja-Würfel in der Gemüsebrühe kurz aufkochen und 10 Minuten ziehen lassen. Danach absieben und etwas ausdrücken.
2. Die Würfel in eine Schüssel geben und mit Kottelet- und Schnitzel-Gewürzmischung, Pfeffer und etwas Öl vermischen.
3. Die Kartoffeln kochen und auskühlen lassen.
4. Nun Paprikaschoten, Zwiebeln und Kartoffeln in die Größe der Soja-Würfel schneiden.
5. Danach alles abwechselnd auf die Holzspieße aufspießen.
6. Die Spieße entweder in einer Grillpfanne braten oder grillen.
7. Zum Schluss mit Petersilie und Dill garnieren.

Gefüllte Paprika

Tipp

Die Soße gewinnt man aus der Brühe, in der die Paprikaschoten gedünstet wurden.

Zutaten für 4 Paprikaschoten:

- 1 ½ L Wasser
- 2 EL Gemüsebrühe
- 100g Soja-Granulat
- 80g Reis roh
- 4 Paprikaschoten
- 1 TL Hackfleischgewürz
- 1 TL Gourmet-Kräuter
- Etwas Pfeffer
- Öl
- 1 EL Margarine
- ½ L Gemüsebrühe
- 1 EL Speisestärke

Zubereitung:

1. Den oberen Teil der Paprikaschote mit Stiel abschneiden und für später aufheben. Die Kerne sorgfältig entfernen und die Schote mit Wasser ausspülen.
2. Das Wasser mit der Gemüsebrühe aufkochen und dann das Soja-Granulat darin kurz aufkochen und für 15 Minuten ziehen lassen. Danach das Granulat etwas ausdrücken, anbraten und mit Hackfleischgewürz, Kräutern und Pfeffer würzen.
3. Dann den Reis kochen und mit dem Granulat vermischen.
4. Nun das Gemisch in die Paprikaschoten füllen und den oberen Teil der Schote wieder draufsetzen.
5. Die Schoten in Margarine etwas anbraten, mit ½ Liter Gemüsebrühe ablöschen und 30 Minuten im Topf dünsten.
6. Danach die Schoten rausnehmen und warm stellen.
7. Die Soße nach Geschmack würzen und mit Speisestärke andicken.

Gefüllte Tomate

Tipp
Für die Tomaten große Strauch- oder Fleischtomaten verwenden.
Wenn es am Ende zu wenig Fruchtfleisch ist, einfach Gemüsebrühe und Tomatenmark hinzufügen.

Zutaten für 6 Tomaten:

- 6 große Tomaten
- 1 ½ L Wasser
- 1 EL Gemüsebrühe
- 100g Soja-Granulat
- 1 Zwiebel
- 1 ½ TL Hackfleischgewürz
- Etwas Pfeffer
- Etwas Knoblauchgranulat
- 1 TL Kräuter der Provence
- 200g gekochten Reis
- 2 EL Tomatenmark
- 2 EL veganen Schmand
- Öl

Zubereitung:

1. Die Tomaten waschen und jeweils oben den Deckel abschneiden und aufheben.
2. Danach die Tomaten aushöhlen, das Fruchtfleisch hacken und beiseitestellen.
3. Für die Füllung das Soja-Granulat in kochende Gemüsebrühe geben und 15 Minuten ziehen lassen. Dann absieben und etwas ausdrücken.
4. Das Öl in der Pfanne erhitzen und die gewürfelten Zwiebeln für 2-3 Minuten andünsten. Anschließend das Soja-Granulat dazugeben und anbraten.
5. Das Ganze mit Hackfleischgewürz, Pfeffer, Knoblauchgranulat und Kräutern würzen.
6. Den Reis kochen. Dazu die Hälfte des Tomatenfruchtfleisches, 2 EL Tomatenmark und 2 EL veganen Schmand geben, vermischen und kurz köcheln lassen.
7. Die Tomaten mit dieser Masse füllen und den Deckel daraufsetzen.
8. Eine Auflaufform einfetten und die Tomaten hineinsetzen.
9. Das übrige Fruchtfleisch um die Tomaten verteilen und würzen. Die Tomaten mit Öl beträufeln.
10. Dann das Ganze für 20 Minuten bei 200 Grad Umluft backen.

Spinatcrêpes

Tipp
Ist der Teig zu dünn? Dann gib einfach etwas Mehl hinzu.

Zutaten für 6 Crêpes :

- 240g Mehl
- Ei-Ersatz für 3 Eier
- 150ml Wasser mit Kohlensäure
- 450ml vegane Milch (Mandelmilch ist zu empfehlen)
- 1 TL Backpulver
- 2 EL Öl

Zubereitung:

1. Zuerst den Ei-Ersatz mit dem Wasser verrühren und quellen lassen.
2. Den gequellten Ei-Ersatz, vegane Milch und Öl in einer Schüssel vermengen.
3. Anschließend das Mehl mit dem Backpulver vermischen und zu der Masse hinzugeben.
4. Nun den Teig dünn in einem Crêpes-Maker oder einer beschichteten Pfanne ausbacken.

Zutaten für die Füllung:

- 1 kg frischer Spinat
- 3 kleine rote Zwiebeln
- Salz, Pfeffer, Kümmel
- Crêpes

Zubereitung:

1. Zuerst den Spinat waschen.
2. Dann die Zwiebeln schälen, würfeln, würzen und in einer Pfanne anbraten.
3. Portionsweise den Spinat hinzufügen und anbraten.
4. Den Crêpe nun damit füllen.

Sataratsch

Dieses Rezept stammt von unserer lieben Ur-Oma, wobei sie es damals noch nicht vegan gekocht hat.

Zutaten für 8-10 Personen:

Zu Schritt 1:
- 400g Soja-Geschnetzeltes
- 2 L Wasser
- 2 EL Gemüse-Brühe
- 1 TL Hackfleisch-Gewürzsalz

Zu Schritt 2:
- 5 Paprikaschoten (3 rote, 1 gelbe, 1 grüne) in Streifen schneiden
- 2 Zwiebeln in halbe Ringe schneiden oder würfeln
- Öl
- 1/2 TL Kümmel
- 3 TL Knoblauchgranulat oder 3 Zehen
- 250ml Gemüsebrühe
- 2 EL Gourmet-Kräutermischung

Zu Schritt 3:
- 5 EL Paprikapulver edelsüß
- 2 TL Salz
- 2 EL Mehl
- Etwas Pfeffer
- 400ml Soja-Cuisine
- 400ml Wasser

Zubereitung:
1. Soja-Geschnetzeltes in Gemüsebrühe 15 bis 30 Minuten kochen, im Sieb abtropfen und etwas ausdrücken. Im Öl anbraten und mit Hackfleisch-Gewürzsalz würzen.
2. In einem Topf die Zwiebeln mit Kümmel im Öl andünsten, dann Paprika, Kräutermischung und Knoblauch hinzugeben und kurz mit dünsten. Danach 250ml Gemüsebrühe dazugeben und 10 Minuten bei mittlerer bis kleiner Hitze im geschlossen Topf dünsten, bis das Gemüse gleichmäßig gar ist. Nun das Soja-Geschnetzelte dazugeben, untermischen und eventuell noch etwas Gemüsebrühe hinzufügen.
3. Paprikapulver, Soja-Cuisine, Wasser, Mehl, Salz und etwas Pfeffer verrühren und gleichmäßig unterrühren. 10 Minuten bei kleiner Hitze köcheln lassen und zum Schluss abschmecken.

Burger

Zutaten für 8 kleine Patties:

- 1 Knoblauchzehe
- 1-2 EL Mehl
- 1 EL Öl
- 3 Süßkartoffeln
- 1 Handvoll Mais

Zubereitung:

1. Die Süßkartoffeln schälen und ganz fein schneiden. Anschließend für etwa 20 Minuten bei 180 Grad Umluft backen.
2. Währenddessen den Knoblauch in Scheiben schneiden und in einer Pfanne anbraten.
3. Die Süßkartoffeln aus dem Ofen holen und in eine Schüssel geben. Die restlichen Zutaten hinzufügen und gut vermengen.
4. Aus der Masse kleine Patties formen und diese pro Seite ca. 2 min anbraten.

Zutaten für 6 Brötchen:

- 250g Dinkelmehl
- ½ Würfel frische Hefe
- ½ EL Salz
- 1 EL Zucker
- 35g Margarine
- Ei-Ersatz für 1 Ei
- 100ml Wasser
- ½ EL vegane Milch

Zubereitung:

1. Das Mehl mit dem Zucker und Salz in einer Schüssel vermischen und die Hefe hineinbröckeln.
2. Die weiche Margarine mit dem lauwarmen Wasser dazugeben und zu einem glatten Teig kneten.
3. Das Ganze für etwa 30 Minuten zugedeckt ruhen lassen.
4. Danach den Teig durchkneten und in 6 Kugeln formen.
5. Die Kugeln auf ein mit Backpapier ausgelegtes Blech legen und erneut für 30 Minuten zugedeckt ruhen lassen.
6. Den zubereiteten Ei-Ersatz mit der veganen Milch vermischen und die Brötchen damit bestreichen.
7. Die Brötchen für circa 20 Minuten bei 200 Grad Umluft backen.

Schwarzwurzeln mit Bällchen

Zutaten für die Bällchen:

- 1 L Wasser
- 1 EL Gemüsebrühe
- 120g Soja-Granulat
- Ei-Ersatz für 1 Ei
- 50ml Wasser mit Kohlensäure
- ½ Brötchen vom Vortag
- 1 – 1 ½ TL Hackfleischgewürzmischung
- ca. 50g Semmelbrösel
- etwas Paprika edelsüß
- Öl

Zubereitung:

1. Das Wasser mit der Gemüsebrühe zum Kochen bringen, darin das Soja-Granulat kurz aufkochen lassen und für 15 Minuten ziehen lassen.
2. Danach das Granulat absieben und ausdrücken.
3. Den Ei-Ersatz mit dem Wasser mit Kohlensäure vermischen und die eingeweichten Brötchen dazugeben.
4. Die Gewürze und Semmelbrösel ebenfalls dazu geben und alles vermengen, bis eine formbare Masse entsteht.
5. Daraus Bällchen formen und in Öl anbraten.

Zutaten für das Schwarzwurzelgemüse für 4 Personen:

- 1 Glas Schwarzwurzeln
- 1 EL Margarine
- 1-2 EL Mehl
- ca. 200ml Gemüsebrühe
- 2-3 EL vegane Sahne
- Salz und Pfeffer

Zubereitung:

1. In einem Topf die Margarine schmelzen.
2. Das Mehl mit einem Schneebesen in die Margarine rühren.
3. Das Ganze kurz köcheln lassen und mit der Gemüsebrühe ablöschen.
4. Danach die abgesiebten Schwarzwurzeln dazugeben und mit Salz und Pfeffer würzen.
5. Zum Schluss noch einen guten Schuss vegane Sahne dazugeben.

Hessisches Schmandschnitzel

Tipp
Wir können dazu Kartoffeln und einen leckeren Salat empfehlen.

Zutaten für 15 Schnitzel:

- 15 Soja-Medaillons
- 1 ½ L Wasser
- 3 EL Gemüsebrühe
- Kottelet- und Schnitzel-Gewürzmischung
- Kräutermischung
- Ei-Ersatz für 3 Eier
- 200ml Wasser mit Kohlensäure
- Öl zum Braten
- Semmelbrösel

Zubereitung:

1. Das Wasser und die Gemüsebrühe zum Kochen bringen.
2. Die Soja-Stücke dazugeben und 15 bis 30 Minuten bei mittlerer Hitze kochen, dabei ab und zu umrühren.
3. Anschließend absieben und die Soja-Stücke etwas ausdrücken.
4. Danach auf beiden Seiten mit dem Kottelet-Schnitzel-Gewürz und der Kräutermischung würzen.
5. Den Ei-Ersatz mit Wasser mit Kohlensäure anrühren. Die Soja-Medaillons erst in Ei-Ersatz tauchen und dann mit Semmelbröseln panieren.
6. Zum Schluss nur noch in einer Pfanne in Öl anbraten.

Rezept für den Schmand:

Zutaten:

- 2 Becher veganen Schmand
- 6 EL veganer Naturjoghurt
- frische Kräuter (Petersilie, Schnittlauch)
- 1 EL Gourmet-Kräuter
- Pfeffer, Salz
- 1 TL Senf

Zubereitung:

1. Zuerst den veganen Schmand und veganen Joghurt vermischen.
2. Danach die Kräuter, den Senf und die Gewürze hinzugeben und gut verrühren.

Zucchini Monde

Tipp
Wenn die Zucchinis klein sind, ist es nicht nötig, das Innere zu entfernen. Dann können die Zucchinis in Scheiben geschnitten werden. Wenn die Zucchinis sehr groß sind, ist das Innere sehr weich und die Kerne sind sehr groß, wodurch die Zucchini matschig sein kann. Daher ist es sinnvoll, das Innere zu entfernen.

Zutaten für 6-8 Personen:

- 2-3 Zucchinis
- Salz, Pfeffer, gemahlener Rosmarin
- Ei-Ersatz für 3 Eier
- Mehl
- Paniermehl
- Öl

Zubereitung:

1. Die Zucchinis in Scheiben schneiden und das Innere entfernen.
2. Nun die Scheiben mit den Gewürzen würzen.
3. Anschließend in Mehl wälzen.
4. Danach die Scheiben in den angerührten Ei-Ersatz tauchen und dann in Paniermehl wälzen.
5. Zum Schluss die Scheiben langsam in Öl ausbacken, damit sie weich werden.

Frikadellen

Tipp
Die Masse eine Weile stehen lassen, damit die Semmelbrösel die Feuchtigkeit gut aufnehmen und sich mit der Masser verbinden. Dadurch lassen sie sich besser formen.

Zutaten für 4-6 Personen:

- 2 L Wasser
- 1 El Gemüsebrühe
- 100g Soja-Granulat
- 1 Zwiebel
- 1 Brötchen vom Vortag
- Ei-Ersatz für 3 Eier
- 200ml Wasser mit Kohlensäure
- 1 TL Hackfleischgewürz
- etwas Paprikaedelsüß
- Semmelbrösel

Zubereitung:

1. Das Wasser und die Gemüsebrühe zum Kochen bringen.
2. Das Granulat aufkochen und 15 Minuten ziehen lassen, danach absieben.
3. Nun die Zwiebeln würfeln, das Brötchen in Wasser einweichen und dann ausdrücken.
4. Den Ei-Ersatz mit Wasser mit Kohlensäure anrühren und etwas quellen lassen.
5. Anschließend das Granulat mit Hackfleischgewürz würzen.
6. Dann Zwiebeln, Brötchen und Ei-Ersatz dazugeben.
7. Zum Schluss Paprikaedelsüß und Semmelbrösel hinzugeben und alles gut vermengen.
8. Abschließend die Frikadellen formen und in Öl braten.

Kohlrouladen

Tipp
Die Blätter nur blanchieren und nicht zu weich werden lassen. Man kann die Blätter auch etwas ausrollen, dann lassen sie sich besser wickeln.

Zutaten für 4-6 Personen:

- 2 L Wasser
- 2 EL Gemüsebrühe
- 100g Soja-Granulat
- 1 Zwiebel
- 1 Brötchen vom Vortag
- Ei-Ersatz für 3 Eier
- 200ml Wasser mit Kohlensäure
- 1 TL Hackfleischgewürz
- Semmelbrösel
- 1 Kopf Wirsing
- Öl zum Braten

Zubereitung:

1. Den Wirsing entblättern und die Blätter in Salzwasser kochen, bis sie biegsam sind.
2. Nun den Wirsing herausnehmen, auf ein Tuch legen, den Strunk herausschneiden und die Blätter ein wenig auswellen.
3. Für die Füllung das Brötchen einweichen, Zwiebel würfeln und den Ei-Ersatz mit 200ml Wasser anrühren.
4. Das Granulat in Wasser mit Gemüsebrühe aufkochen und 15 Minuten ziehen lassen.
5. Dann das Granulat und auch das Brötchen etwas ausdrücken.
6. Nun Granulat, Brötchen, Zwiebel, Ei-Ersatz und Gewürze mit etwas Semmelbrösel vermengen, bis es eine kompakte Masse ist.
7. Danach die Füllung in die Wirsingblätter einrollen und in einer Pfanne mit Öl anbraten.
8. Zum Schluss in eine Auflaufform geben und im Backofen bei 180 Grad circa 30 Minuten garen.

Kartoffel Cordon Bleu

Tipp
Wenn der Teig zu klebrig ist, einfach noch etwas Mehl hinzufügen.

Zutaten für 4 Personen:

- 750g Kartoffeln
- 80g Mehl
- 80g Kartoffelstärke
- Ei-Ersatz für 1 Ei
- Salz und Pfeffer
- 1 Packung veganen Scheibenkäse
- 1 Packung veganen Schinken

Zubereitung:

1. Die Kartoffeln kochen und anschließend stampfen.
2. Zu den gestampften Kartoffeln Mehl, Kartoffelstärke und den zuvor zubereiteten Ei-Ersatz geben und mit Salz und Pfeffer würzen. Das Ganze zu einem Teig verarbeiten.
3. Nun immer eine Handvoll Teig nehmen und ausrollen. Darauf den veganen Käse und veganen Schinken legen und dann mit dem Teig verschließen.
4. So viele Kartoffel Cordon Bleus formen, bis der Teig leer ist.
5. In einer Pfanne gold-braun anbraten.

Gulasch mit Semmelknödel

Zutaten für die Semmelknödel:

- 2 Brötchen vom Vortag
- 200ml Reis-Drink ungesüßt
- 120-150g Mehl
- 1 Päckchen Trockenhefe (7g)

Zubereitung:

1. Die Brötchen vom Vortag in Würfel schneiden und in dem Reis-Drink einweichen.
2. Das Mehl mit der Hefe mischen und zu den weichen Brötchen geben und kneten.
3. Sollte der Teig kleben, etwas Mehl hinzufügen.
4. Nun den Teig zu einem kleinem Brot formen.
5. Dann das Ganze 40 Minuten bei warmer Raumtemperatur gehen lassen.
6. Nun das Brot mit der aufgegangen Oberseite ins kochende Salzwasser legen und bei geringer Hitze circa 15 Minuten ziehen lassen, umdrehen und nochmals 15 Minuten ziehen lassen.
7. Abschließend das Brot aus dem Wasser nehmen, in Scheiben schneiden und servieren.

Zutaten für das Gulasch für 6-8 Personen:

- 170g vegane Soja-Würfel
- 2 rote Paprikaschoten
- 500g Tomatenpüree
- 500ml Wasser
- Gemüsebrühe
- Gulasch-Gewürzzubereitung
- Salz, Pfeffer, Knoblauch granuliert
- Gourmet-Kräutermischung

Zubereitung:

1. Die veganen Soja-Würfel in kräftiger Gemüsebrühe 8-10 Minuten bei mittlerer Hitze kochen. Danach im Sieb abtropfen.
2. Nun mit Öl in der Pfanne anbraten, mit Gulaschgewürz, Pfeffer, Knoblauch etwas würzen und dann die Pfanne zur Seite stellen.
3. Im Topf gewürfelte Paprika anbraten und mit etwas Wasser und einem gehäuften Teelöffel Gemüsebrühe 10 Minuten dünsten und mit Salz, Pfeffer, Knoblauch und der Kräutermischung würzen.
4. Dann Wasser, Tomatenpüree und Soja-Würfel zur Paprika dazu geben, aufkochen lassen und nach Belieben mit Gewürzen abschmecken.

Hackbraten

Tipp
Zwischendurch den Braten mit Margarine bestreichen, damit eine Kruste entsteht.

Zutaten für 3-4 Personen:

- 1 ½ L Wasser
- 1 ½ EL Gemüsebrühe
- 130g Soja-Granulat
- 100ml Wasser mit Kohlensäure
- Ei-Ersatz für 2 Eier
- ½ Brötchen vom Vortag
- 1 kleine Zwiebel
- ½ rote und ½ gelbe Paprikaschote
- 1 ½ TL Gourmet-Kräutermischung
- 1 ½ TL Hackfleischgewürzmischung
- Pfeffer, Knoblauch nach Belieben
- 70g Paniermehl

Zubereitung:

1. Das Soja-Granulat in der Gemüsebrühe kurz aufkochen und 10 Minuten ziehen lassen. Danach absieben und ausdrücken.
2. Den Ei-Ersatz mit dem Wasser mit Kohlensäure vermischen und etwas quellen lassen.
3. Nun das alte Brötchen in Wasser einweichen und danach ausdrücken.
4. Die Zwiebel und Paprikaschoten fein würfeln.
5. Dann alles in einer Schüssel vermengen, Gewürze hinzugeben und abschmecken.
6. Zum Schluss das Paniermehl dazugeben und alles eine halbe Stunde stehen lassen.
7. Danach einen Hackbraten formen, in eine eingefettete Form geben und für circa 45 Minuten bei 200 Grad Umluft im Ofen backen, bis eine Kruste entsteht.

Süßes

Tiramisu

Tipp
Am besten das Ganze über Nacht in den Kühlschrank stellen, damit es gut durchziehen kann.

Zutaten für 8-10 Personen:

- 1000g vegane Mascarpone
- 1 Becher vegane Schlagsahne
- 200g Puderzucker
- 2 Päckchen Vanillezucker
- ca. 400g veganen Zwieback
- ca. 5-6 Tassen Kaffee (stark)
- 4 EL Amaretto (oder Aroma)
- Kakaopulver zum Bestreuen
- 10g vegane Sahne steif

Zubereitung:

1. Den Kaffee kochen und auskühlen lassen und danach den Amaretto in den Kaffee geben.
2. Die vegane Sahne schlagen, die vegane Mascarpone untermischen und das vegane Sahne steif Pulver hinzufügen.
3. Dann den Vanillezucker und den Puderzucker dazugeben.
4. Nun das Ganze in eine Form schichten: Zwieback, Masse, Zwieback, Masse. Solange wiederholen, bis die Zutaten aufgebraucht sind.
5. Zum Schluss Kakao drüber sieben.

Himbeer Baiser

Rezept für das Baiser

Zutaten:

- 250ml Kichererbsen-Sud
- 300g Zucker
- 1 Päckchen Vanillezucker

Zubereitung:

1. Den Kichererbsen-Sud über Nacht in den Kühlschrank stellen.
2. Danach mit 300g Zucker und 1 Päckchen Vanillezucker steif schlagen.
3. Das Baiser für 50 bis 60 Minuten bei 100 Grad Umluft im Ofen backen.

Zutaten für 6 Personen:

- 500g gefrorene Himbeeren
- Baiser
- 2 Becher vegane Sahne
- 2 Päckchen Vanillezucker
- etwas vegane Raspel Schokolade

Zubereitung:

1. Die Himbeeren in eine große Schüssel geben.
2. Anschließend das Baiser über die Himbeeren geben.
3. Nun die vegane Sahne nicht völlig steif schlagen und den Vanillezucker hinzufügen.
4. Das Ganze zum Schluss über das Baiser geben und mit Raspel Schokolade verzieren.

Vanillepudding

Tipp
Am besten frisch genießen, da der Pudding mit der Zeit sehr fest wird.

Zutaten für 2-4 Personen:

- 1 Vanilleschote
- Ei-Ersatz für 3 Eier
- 500ml vegane Milch
- 70g Puderzucker
- 25g Speisestärke

Zubereitung:

1. Das Mark der Vanilleschote entfernen und zusammen mit der veganen Milch aufkochen.
2. Den Puderzucker mit dem zubereitetem Ei-Ersatz gut verrühren.
3. Nach ungefähr drei Minuten die Speisestärke hinzugeben und gut vermischen.
4. Nun diese Masse zu der veganen Milch geben, nochmals verrühren und dann erneut aufkochen.

Mousse au chocolate

Tipp
Die Schokolade wird feiner, wenn man ein wenig Kokosfett zum Schmelzen hinzugibt.

Zutaten für 4-6 Personen:

- 250ml vegane Schlagsahne
- 200g vegane Zartbitterschokolade
- Ei-Ersatz für 3 Eier
- Ei-Ersatz für 3 Eiweiß

Zubereitung:

1. Das zubereitete Eiweiß und die Sahne jeweils steif schlagen und kaltstellen.
2. Dann 100g vegane Zartbitterschokolade raspeln und beiseite Stellen.
3. Die restlichen 100g vegane Zartbitterschokolade in einem Wasserbad schmelzen lassen.
4. Nun den anderen zuvor zubereiteten Ei-Ersatz aufschlagen und die lauwarme vegane Zartbitterschokolade hinzufügen.
5. Danach die vegane Sahne vorsichtig unterheben.
6. Anschließend das steife Eiweiß unterheben.
7. Die geraspelte Schokolade dazugeben und vermischen.
8. Das Ganze für mehrere Stunden kaltstellen.

Arme Ritter

Zutaten für 2 Personen:

- 2 Brötchen vom Vortag
- 600ml vegane Milch
- 1 Päckchen Vanillezucker
- Zucker

Zubereitung:

1. Die vegane Milch zusammen mit dem Vanillezucker in einer Schüssel verrühren.
2. Nun die Brötchen in Hälften schneiden und jeweils in der veganen Milch ein paar Minuten ziehen lassen.
3. Auf einen tiefen Teller Zucker geben, um die Brötchen später darin zu wälzen.
4. Nachdem die Brötchen ein wenig eingeweicht sind, diese in einer Pfanne anbraten.
5. Danach in dem Zucker wälzen.

Kaiserschmarrn

Tipp

Ihr könnt erst eine Art Pfannkuchen braten und diesen zwischendurch wenden und zum Schluss in Stücke reißen. Eine andere Variante ist, den Teig während dem Braten schon zu zerkleinern.

Zutaten für 4 Personen:

- 125g Mehl
- 125ml vegane Milch
- Ei-Ersatz für 3 Eier
- Ei-Ersatz für 3 Eiweiß
- 1 TL Backpulver
- 40g Zucker
- 60g Rosinen
- 4 EL Margarine
- 1 Prise Salz
- Puderzucker zum Bestreuen

Zubereitung:

1. Den zubereiteten Ei-Ersatz mit veganer Milch, Mehl, Zucker, Salz und Backpulver zu einem glatten Teig rühren und dann für 10 Minuten ruhen lassen.
2. Nun den Ei-Ersatz für das Eiweiß schlagen und vorsichtig unter den Teig heben.
3. Danach die Rosinen dazugeben.
4. Die Margarine in einer Pfanne zum Schmelzen bringen und den Teig bei mittlerer Temperatur anbraten.
5. Anschließend den Kaiserschmarrn mit Puderzucker bestreuen.

Muffins

Zutaten für 12 Muffins:

- 150g vegane Butter
- 100g Zucker
- 1 Prise Salz
- Ei-Ersatz für 3 Eier
- 160g Mehl
- ½ Päckchen Backpulver
- 1 EL vegane Milch
- 2-3 EL veganen Naturjoghurt
- 2 Hände voll Blaubeeren

Zubereitung:

1. Die weiche vegane Butter zusammen mit dem Zucker und einer Prise Salz in einer Schüssel vermischen.
2. Anschließend den Ei-Ersatz anrühren und in die Schüssel geben.
3. Nun das Mehl und das Backpulver unterrühren.
4. Die vegane Milch und der vegane Naturjoghurt kommen nun dazu, um die Muffins schön saftig zu machen.
5. Zum Schluss die Blaubeeren hinzugeben und alles gut verrühren.
6. Den Teig in Muffinförmchen geben und bei 180 Grad Umluft für 25 Minuten backen.

Marzipantorte

Zutaten für den Mandelboden:

- Eiweiß-Ersatz für 4 Eier
- 150g Zucker
- 200g gemahlene Mandeln

Zubereitung:

1. Den Eiweiß-Ersatz nach Packungsanweisung steif schlagen.
2. Danach den Zucker hinzugeben.
3. Zum Schluss die gemahlenen Mandeln unterheben.
4. Bei 160 Grad Umluft circa 30 Minuten backen.

Zutaten für den Biskuitboden:

- Ei-Ersatz für 3 Eier
- 150g Zucker
- 150g Mehl
- ½ Päckchen Backpulver

Zubereitung:

1. Den Ei-Ersatz nach Packungsanweisung zubereiten, 150g Zucker dazu geben und das Ganze schaumig rühren.
2. Das Mehl mit dem Backpulver mischen, drüber sieben und verrühren.
3. Bei 200 Grad Umluft 20 bis 25 Minuten backen.

Zutaten für die Buttercreme:

- 250g vegane Butter
- Ei-Ersatz für 3 Eier
- 150g Puderzucker
- 1 Päckchen Vanillezucker

Zubereitung:

1. Den Ei-Ersatz nach Packungsanweisung zubereiten und mit der weichen Butter, dem Puderzucker und Zucker verrühren.

Weitere Zutaten:

- 1 Marzipandecke
- 3 Becher vegane Schlagsahne
- 1 Glas Aprikosenmarmelade

Zubereitung:

1. Die Buttercreme auf den Mandelboden streichen.
2. Den Biskuitboden in zwei Böden teilen.
3. Einen Biskuitboden auf die Buttercreme legen und darauf ein halbes Glas Aprikosenmarmelade streichen.
4. Auf die Marmelade 1 Becher Sahne streichen und darauf den anderen Biskuitboden legen. Darauf wieder Aprikosenmarmelade streichen und erneut 1 Becher Sahne darauf streichen.
5. Zum Schluss den Rand der Torte mit Sahne einstreichen und die Marzipandecke auf die Torte legen.

Käsekuchen

Tipp
Es ist wichtig, den veganen Zitronenjoghurt zu verwenden, da dieser dem Kuchen erst den richtigen Käsekuchengeschmack verleiht.

Zutaten:

- 50g Zucker
- 150g Mehl
- 1 Päckchen Vanillezucker
- 120g vegane Butter

Für die Füllung:

- 500ml vegane Milch
- 500g veganer Joghurt
- 500g veganer Zitronenjoghurt
- Ei-Ersatz für 2 Eier
- 2 Päckchen Vanillepuddingpullver
- 100g Zucker

Zubereitung:

1. Das Mehl, den Vanillezucker und den Zucker in einer Schüssel mischen.
2. Anschließend die weiche vegane Butter hinzugeben und alles durchkneten. Den Boden einer Springform mit dem Teig befüllen.
3. Für die Füllung die Milch und das Vanillepuddingpulver zusammengeben und vermischen.
4. Die beiden Joghurtsorten zusammen mit dem zubereitetem Ei-Ersatz und dem Zucker hinzugeben und die gesamte Füllung auf den Teig in der Springform verteilen.
5. Den Kuchen für etwa 40 Minuten bei 160 Grad backen.

Butterkuchen

Tipp
Sollte der Teig zu viel sein, kann man noch kleine Teilchen, wie zum Beispiel Teigschnecken davon backen.

Zutaten Teig für ein Blech:

- 200g veganen Naturjoghurt
- 6 EL vegane Milch
- 8 EL Öl
- 80g Zucker
- 1 Päckchen Vanillezucker
- 1 ½ Päckchen Backpulver
- 400g Mehl
- 1 TL geriebene Zitronenschale

Zubereitung Teig:

1. Zuerst veganen Joghurt, vegane Milch, Öl, Zucker, Vanillezucker und Zitronenschale verrühren.
2. Danach das Mehl mit dem Backpulver vermischen, hinzusieben und alles verkneten.
3. Ein Blech einfetten und den Teig darauf ausrollen.

Zutaten Belag:

- 125g vegane Butter
- 80g Zucker
- 1 Päckchen Vanillezucker
- 125g gehobelte Mandeln
- ½ TL Zimt

Zubereitung Belag:

1. Butterflöckchen auf dem Teig verteilen.
2. Nun den Zucker, den Vanillezucker, die Mandeln und den Zimt in einer Schüssel vermischen und ebenfalls auf dem Teig verteilen.
3. Den Kuchen bei 180 Grad für 20 bis 25 Minuten backen.

Mohnkuchen

Zutaten:

- 100g Mohn
- 200g Zucker
- 220g Mehl
- Eiersatz für 1 Ei
- 80ml Sonnenblumenöl
- 320ml vegane Milch
- 1 Päckchen Backpulver
- 180g Puderzucker
- 60ml Zitronensaft

Zubereitung:

1. Das Mehl mit dem Backpulver vermischen.
2. Dann Zucker und Mohn hinzufügen und umrühren.
3. Danach das Öl, den zubereiteten Ei-Ersatz und die vegane Milch hinzugeben, gut vermengen und auf ein Backblech geben.
4. Für 20 Minuten bei 180 Grad Umluft backen.
5. Wenn der Kuchen ausgekühlt ist, kann die Glasur angerührt werden. Dazu den Zitronensaft mit dem Puderzucker vermischen und über den Kuchen streichen.

Donauwelle

Zutaten Teig für ein Blech:

- Ei-Ersatz für 3 Eier
- 175ml vegane Milch
- 175g Zucker
- 175ml Öl
- 350g Mehl
- 3 TL Backpulver
- 1 EL Kakaopulver
- 1 EL vegane Milch
- 1 Glas Sauerkirschen, abgetropft

Für die Creme:

- 1 Päckchen Vanillepuddingpulver
- 2 EL Zucker
- 400ml vegane Milch
- 250g Margarine

Für die Glasur:

- 200g vegane Zartbitterschokolade
- 2 EL vegane Schokocreme
- 1 EL Öl

Zubereitung:

1. Für die Creme: Das Puddingpulver mit 50ml veganer Milch und 2 EL Zucker verrühren. Die restliche vegane Milch aufkochen. Das zuvor verrührte Puddingpulver hinzugeben, nochmal aufkochen lassen, in eine Schüssel geben und bei Raumtemperatur abkühlen lassen.
2. Den angerührten Ei-Ersatz mit 175g Zucker aufschlagen und das Öl hinzugeben.
3. Dann das Backpulver und Mehl vermischen und abwechselnd mit der veganen Milch unter die Eiercreme rühren.
4. Die Hälfte des Teiges auf ein eingefettetes Blech geben.
5. Den restlichen Teig mit Kakao und 1 EL veganer Milch mischen und vorsichtig über den anderen Teig geben.
6. Nun die Sauerkirschen darauf verteilen und für etwa 25 Minuten bei 180 Grad backen und dann auskühlen lassen.
7. Die 250g weiche Margarine cremig rühren und den Pudding portionsweise unterrühren.
8. Diese Creme gleichmäßig auf den kalten Kuchen streichen und kaltstellen.
9. In einem Wasserbad die Zartbitterschokolade schmelzen lassen.
10. Dazu die Schokocreme und das Öl geben und umrühren.
11. Die flüssige Schokolade gleichmäßig auf dem ausgekühlten Kuchen verteilen und glatt streichen.

Amerikaner

Zutaten für etwa 20 kleine Amerikaner:

- 250g Margarine
- 1 Zitrone
- 4 EL Vanillezucker
- 200g Zucker
- Ei-Ersatz für 4 Eier
- 2 Prisen Salz
- 140ml veganen Naturjoghurt
- 500g Mehl
- 100g Speisestärke
- 4 TL Backpulver
- Puderzucker
- ½ Packung vegane Zartbitterkuvertüre

Zubereitung:

1. Die weiche Margarine mit dem Handrührgerät circa 5 Minuten cremig aufschlagen.
2. Dann die Zitrone waschen und die Schale abreiben. Die Zitrone auspressen, da der Saft später für die Glasur gebraucht wird.
3. Zucker, Vanillezucker, Zitronenschale und Salz mit der Margarine verrühren.
4. Nun abwechselnd den veganen Joghurt und den Ei-Ersatz hinzugeben.
5. Danach Mehl, Speisestärke und Backpulver mischen.
6. Diese Mischung über die davor gerührte Mischung sieben und zu einem glatten Teig vermengen.
7. Den Backofen auf 180 Grad Ober-/ Unterhitze vorheizen. Zwei Backbleche mit Backpapier auslegen.
8. Nun den Teig in einen Gefrierbeutel geben und eine große Spitze abschneiden. Danach den Teig in kleine Schnecken mit circa 10 cm Abstand auf die Bleche spritzen.
9. Anschließend die Bleche nacheinander circa 12 bis 15 Minuten in den Ofen geben, bis sie goldbraun sind.

Nun die Amerikaner erstmal auskühlen lassen. Für die eine Hälfte Puderzucker mit Zitronensaft und etwas Wasser an. Damit eine Hälfte der Amerikaner bestreichen. Die Schokolade in einem Wasserbad flüssig werden lassen und die andere Hälfte damit bestreichen.

Oma´s Buchteln

Tipp
Die warmen Buchteln auf dem Teller etwas zerteilen und mit warmer Vanillesoße übergießen.

Zutaten für 4-6 Personen:

- 500g Mehl
- 1 Würfel Hefe (42g)
- 60g Zucker
- 75g Margarine
- 125ml vegane Milch
- Ei-Ersatz für 1 Ei
- 50ml Wasser mit Kohlensäure
- 1 Prise Salz

Für die Soße:
- ½ L vegane Milch
- 1 Päckchen Vanillesoße zum Kochen
- 2 EL Zucker
- 1 Päckchen Vanillezucker

Zubereitung:

1. Die Hefe mit der lauwarmen veganen Milch, 1 TL Zucker und 1 EL Mehl in einem Topf verrühren. Das Ganze an einem warmen Ort zugedeckt gehen lassen.
2. Nun das Mehl in eine Schüssel sieben, die Margarine in Flöckchen am Rand verteilen und Zucker und Salz darauf streuen.
3. Dann die aufgegangene Hefe in die Mitte des Mehls geben und den Rest der lauwarmen veganen Milch mit dem angerührten Ei-Ersatz hinzugeben und verkneten.
4. Den Teig zugedeckt mit einem Tuch an einem warmen Ort 20 Minuten gehen lassen, bis er doppelt so groß ist.
5. Die Auflaufform mit Margarine einfetten. Von dem Teig Kugeln formen und nebeneinander in die Form legen. Dann die Kugeln nochmals gehen lassen, bis sie etwa doppelt so groß sind.
6. Danach die Kugeln mit Margarine bestreichen und etwa 20 Minuten bei 200 Grad backen, bis sie goldgelb sind.
7. Für die Soße die vegane Milch zum Kochen bringen und dann den Topf von der Herdplatte nehmen. Dann den Zucker und den Vanillezucker hinzugeben. Danach das angerührte Soßenpulver einrühren und kurz aufkochen lassen.

Zwetschgen-Knödel

Tipp
Die Knödel mit feuchten Händen formen, dann klebt der Teig nicht so stark an den Fingern.

Zutaten für 10-12 Knödel:

- 1 kg mehlig kochende Kartoffeln
- 50g Margarine
- 50g Kartoffelmehl
- Ei-Ersatz für 3 Eier
- 1 ½ TL Salz
- 10-12 Zwetschgen
- Würfelzucker
- Semmelbrösel
- Zucker
- Margarine

Zubereitung:

1. Die Kartoffeln in kochendes Salzwasser geben und für 20 Minuten weich kochen.
2. Danach die Kartoffeln pellen und gut ausdampfen lassen, sodass sie trocken sind.
3. Nun die noch heißen Kartoffeln mit einem Stampfer zerstampfen.
4. Die Margarine zum Schmelzen bringen und darüber geben.
5. Dann den Ei-Ersatz anrühren und diesen vermischt mit Kartoffelmehl und Salz zu der Kartoffelmasse geben.
6. Danach alles zu einem homogenen Teig kneten.
7. Die Zwetschgen entkernen und einen Würfel Zucker in die Zwetschge geben.
8. Anschließend eine Zwetschge in eine Portion Kartoffelteig legen und zu einem Knödel formen. So die Zwetschgen und den Teig verarbeiten.
9. Dann in einem Topf Wasser mit etwas Salz aufkochen. Die Knödel in das Wasser geben und für 25 Minuten bei geringer Hitze und offenem Topf ziehen lassen, nicht kochen.
10. Die Semmelbrösel rösten und die Margarine flüssig machen.
11. Vor dem Servieren Semmelbrösel, Margarine und etwas Zucker auf die Knödel geben.

Rum-Pralinen

Zutaten für circa 70 Pralinen:

- 300g vegane Zartbitter Kuvertüre
- 300g vegane Halbbitter-Schokolade
- 200ml vegane Sahne
- 1/8 L Rum 40%
- 100g Kokosfett
- 100g Margarine

Außerdem braucht ihr zum Überziehen der Pralinen folgende Zutaten:

- 200g vegane Zartbitter Kuvertüre
- 500g vegane Halbbitter-Schokolade
- 100g Kokosfett
- 1000g Zucker

Zubereitung:

1. Die Zutaten abmessen und griffbereit stellen.
2. Die Kuvertüre und Schokolade im Wasserbad vorsichtig schmelzen.
3. Sahne und Rum in einem extra Topf erhitzen, jedoch nicht kochen lassen.
4. Das Kokosfett und die Margarine in die heiße Sahne-Rum-Mischung geben.
5. Den Topf vom Herd ziehen und Kokosfett und Margarine darin schmelzen lassen. Mit dem Schneebesen gut verrühren.
6. Die aufgelöste Kuvertüre/Schokolade unter die abgekühlte lauwarme Masse (Sahne, Rum, Kokosfett, Margarine) rühren.
7. Mit dem Schneebesen zu einer homogenen Creme verrühren.
8. In eine mit Klarsichtfolie ausgelegte Glas-Auflaufform gießen und anschließend mit Klarsichtfolie abdecken.
9. Die Auflaufform zum Kühlen 24 Stunden in den Kühlschrank stellen.
10. Die Trüffelmasse aus der Form stürzen und die Folie entfernen.
11. Die Masse in gleich große Stücke schneiden.
12. Zum Überziehen der Stücke die Kuvertüre und die Schokolade (200g Kuvertüre, 500g Schokolade und 100g Kokosfett) im Wasserbad auflösen. Sollte die Masse zwischendurch dick werden, einfach wie der ins heiße Wasserbad stellen.
13. Zucker in eine Schale schütten und die in Schokolade eingetauchten Stücke hineinlegen. Nach und nach mit Zucker bestreuen.
14. Ein Blech mit Alufolie auslegen und die gezuckerten Pralinen darauflegen. Anschließend die Pralinen kalt werden lassen.

Danksagung

Wir sind sehr glücklich, endlich das fertige Buch in unseren Händen zu halten. Nun ist es schon ein Jahr her, dass wir mit Vegranny auf Instagram gestartet sind und es war bis hier hin eine großartige Reise. Es freut uns riesig, dass Oma das alles mitmacht und selbst viel Spaß daran hat. Ihr gilt unser größter Dank, denn ohne unsere Vegranny wäre das alles nicht möglich gewesen.

Ein großer Dank gilt auch unserer Familie.
Danke Mama, dass auch du sehr viel in der Küche ausprobiert hast und immer was Leckeres zauberst.
Danke Papa, ohne dich wären wir vermutlich nicht hier, denn dank dir sind wir alle vegetarisch geworden.
Danke Giuliana, für deine Unterstützung beim Korrekturlesen und deine Entscheidung, vegan zu leben.
Eine herzliches Dankeschön gilt auch Alex und Daniel. Danke, dass ihr all die Gerichte probiert und für gut befunden habt und Danke Felix, für deine Tipps. Natürlich auch noch ein Dankeschön an Opa, da du uns bei den Interviews immer zur Seite standest.
Vielen Dank für eure Hilfe und Ermutigungen bei unserem Vegranny-Projekt!

Des Weiteren wollen wir uns bei Leni für dieses wunderschöne Logo bedanken und bei Alina, unserer Lektorin, die eine tolle Arbeit geleistet hat. Danke an Lichtblick für die Unterstützung mit dem Druck und Danke für die Zusammenarbeit mit einigen Fernsehsendern und Zeitungen.

Und last but not least natürlich vielen Dank an die Vegranny-Fans. Ihr habt uns schon oft mit euren netten Kommentaren den Tag versüßt und ohne euch wären wir nie so weit gekommen.

Euer Team von Vegranny

1. Auflage

Druck: Lichtblick gGmbH
Am Mühlenberg 11
37235 Hessisch Lichtenau, Deutschland

Kontakt
Vegranny GbR
Waldhof 12
34298 Helsa, Deutschland
Vegranny@aol.com

ISBN 978-3-00-070734-6